L’implorante

Marie-Jacques Trigaut

L'implorante

Recueil

LE LYS BLEU
ÉDITIONS

ISBN : 979-10-422-1747-1

À mes enfants,
que mon amour, toujours, vous soutienne ;
À ma famille ;
À mes amis.

Préface

L'implorante est une revenante
Des contrées froissées de l'enfance
Avide, gourmande et amante offerte
Elle est entière dans l'attente
Suspendue à l'espérance d'un geste
D'un regard, un frisson, une caresse
Juste un cœur cousu pour elle.

L'implorante n'a pas d'âge
Elle a tous les âges
Éclats de rire aux étoiles
Elle est vous
Elle est moi
Elle est l'inconscient
Où le temps n'existe pas.

L'implorante est murmure
Une prière
Je te supplie de m'aimer quand même.

Marielle Jourdain

En sororité.

1

Vous, aux vapeurs de l'enfance
À l'orée des jours
Et de l'immense du temps.

Vous, de ces battements infimes
Poussières de persiennes dans un ciel d'été
Et du désordre de la chambre.

Vous, au regard du balbutiement
Des découvertes étranges
Des sentiers inconnus que je parcours.

Vous, au détour de votre main
Tendre comme une soierie
Une caresse légère dans la chambre en sommeil.

Vous, aux pas si longs
Tissés d'années et d'envies
Comme le volet troué d'un cœur
Vous au corps de vie et de bonheur
Vapeurs de tendresse
Vapeurs d'essentiel.

Vous, ce presque oui d'infini
Que je voudrais espérer ou croire
Cet amour peut-être d'un encore.

Vous,
Je te dis Tu.

2

Il y a des arrivées refusées
Reste alors la souffrance et le questionnement
À jamais
Des béances qui s'ouvrent
Des mains qui se tendent désespérément
Des regards qui se perdent
Et un cœur interminablement en attente.

Des étoiles et des rêves juste pour survivre
Des mots pour essayer de se poser
Et de croire qu'au fond de ce silence trop bruyant
Va émerger un jour, peut-être
Une âme qui se penche dans le profond.

3

Fermer les persiennes
Poussières d'étoiles
Dans la chambre de l'enfance.

Tirer les rideaux
Pénétrer l'ombre
Pour renaître à nouveau.

Couvrir le saut du lit
Pour oublier les soupirs
Les mots éparpillés.

Continuer le sourire
Le jour et la nuit en vieillesse
Revivre les envies
Renaître à l'infini.

4

Effet mère
ou effet mer
Sur les roulis de ton corps
Roue libre de mes mains
et des vibrations atomiques
Vie bras sillon
De ton corps délicatesse
effacement de tes souffles
Musique de ton corps
continent aux mille secrets
Exposition au péril de l'impossible
Comme au don de la grâce
En mémoire
des paroles envolées ou posées déposées dépossédées
Place aux jeux de formes
aux effets puissants
Et seulement cela
Endeuillée de tes mots.

Héautontimorouménos.

4

[illegible]

5

Quand le ciel s'endort et que vivent les étoiles
Il ne reste plus que mon corps fatigué et mes yeux repus de quotidien
Il ne reste plus que mon cœur à bout de souffle dans cette recherche de toi
Mais tout s'estompe quand le ciel s'endort et que vivent les étoiles.

Quand arrive le doux frémissement de ton appel
Pour qu'enfin mon corps puisse se poser et se détendre
La nuit se fait plus douce et retrouve ses rêves
Quand arrivent enfin ton murmure et ton rire
Pour que mon cœur se sente apaisé et heureux
Les étoiles tissent dans le ciel leur ronde endiablée.

Il me reste jusqu'au jour qui se languit de se lever
Tes mots de mer calme qui mettent mon âme en écharpe
Ton corps d'homme que j'aspire encore à reconnaître
Et ton cœur que je voudrais tenir au creux de mes lèvres.

Le jour mauvais est là qui noie mes rêves dans sa blancheur
Et pourtant chaque jour qui passe me rapproche de toi
J'ai besoin de la nuit comme l'air au noyé
J'ai besoin du jour comme le pain à l'affamé
L'idée de toi, la présence de toi, la vie de toi
Sont mes seuls chemins vers toi.

6

Une petite araignée, dans un tout petit coin, sereine dans sa toile, tissait, tissait. Elle tissait tout autour d'elle, mais jamais au-devant d'elle.
La petite araignée, dans sa petite vie de petite toile déchirée, tissait, tissait. Une goutte de rosée de temps en temps se posait ; elle pouvait s'abreuver et continuait à tisser.
Et puis. Tu es venu. Tu t'étais perdu dans ce petit coin.
Et la petite araignée qui tissait tout autour d'elle sa petite toile de dentelle, s'est fabriquée des ailes et le vent l'a emportée.

7

Dans mes moments fous
Je t'emmène dans mes rêves
Ceux qui sont doux.

Et je peins mon amour
aux couleurs de la joie
de la terre qui s'embrase
de la nature qui s'éveille
comme a pu s'éveiller mon cœur.

Et je dessine à pleins mots
ton regard qui cajole
le sombre et le lumineux.

Et je crayonne à tous sens
ce qui n'a plus de sens
le jaune et le bleu se rejoignent
et créent la couleur du printemps.

Et au fusain j'autorise
les esquisses et les ombres
de mes mots impuissants
à révéler ce que je sens.

8

De ton corps d'écume
Tu as éclaboussé ma vie
De ton rire en cascade
De vagues douces au clapotis qui s'étale
Mon cœur s'est perdu
De ton corps de corail
d'étendue bleue infinie
De ta peau qui miroite
Et éclaire mon regard
Tu es l'eau, source de vie
Tu es l'eau qui pénètre, s'infiltre
Et je me filigrane de ton élément
Tu es l'eau, le bain chaud et le bain de mer
L'élément porteur des corps qui se caressent
des abysses tu es ma lumière
Celle qui ramène les regards vers un horizon.

9

Sur le rivage de ton regard
J'ai posé mon âme
Dans le creux de tes mains
J'ai déposé mon cœur.

Sous nos doigts emmêlés
Bat un sang à moi étranger
Et dans ton souffle
Je perds ma mémoire.

C'est le murmure qui emplit le silence
De nos corps qui glissent
Et toi qui danses.

Il me reste encore ta voix
Ton sourire
Il me reste ton parfum
Ta démarche d'homme
Ta vie d'homme.

10

Il suffit loin de ton pas
Loin de la brume de tes cils
Il suffit de l'instant
Où le printemps te happe
Loin de la courbe de ta bouche
Loin de ton souffle
Il suffit
Et déjà tu me manques.

11

Enfin
sur la faim
la fin
sur le tard
un regard
un souffle
un poil de souffle
une attente
étrangère et étrange
un passage qui s'égare ou se trouve
qu'importe
une fulgurance peut-être
non pas
un pas
si lent
mais présent
attente de la présence qui fait sa chrysalide
espérance
assouvie
non pas
on ne sait
peut-être
un peut-être
qui peut être
qui sait.

12

Je dis la folie
Le jaune du ciel
dans le bleu étoilé
La folie de mes yeux
déchirure de l'horizon
Je dessine la folie
Les blessures béantes
Sur la toile les yeux pleurent
Se frayant un passage dans l'obscurité
Mur de l'étrange
Mur du hasard.

13

Le temps s'effrite comme les feuilles de l'automne ou l'hiver avec ses multiples flocons.
Le temps se pavane dans les doux reflets des soupirs et des harmonies qui se taisent.
Le temps se moque de tes mains qui s'épuisent à donner vie aux notes inventées.
Ton corps écartelé et penché sur les sons magnifiés.
Le temps se rit des sourires qui s'étirent et des yeux qui plissent sous la lumière crue des vitraux.
Tu auras beau être étourdi de silences et de cris, être soûlé des absences, le temps ricanera.
Il y a encore tes mains qui se tendent vers les souffles divins, ceux qui disent les mots que je n'entends pas et que toi tu sais.
Sais-tu, on s'essouffle même au velouté de la musique.
Parce que le temps est immortel et qu'il n'y a plus beaucoup de temps.

14

La page noircie
Noircie des ailes du vent
Amour envolé de son envolée et qui retient le souffle de l'âme meurtrie
Reviens oui rejoins encore le cœur affaibli et l'âme endolorie
Te souvenir encor du temps pas si lointain de ce cœur aux ailes déployées
Au loin, dans ce ciel si vaste aux allures douces des nuages grégaires
Sois présent à mon présent et tout sera comme l'avant
Avant ce que tu étais, es, seras
Écouter en sage le battement du sang
Le pied qui se cale et la courbe du nez
Regard dans le ruisseau qui roule sa vie
Encore les corps vraiment pour oublier la mort
La peine enfouie qui ressurgit
Je te cale et décale
Je te vois et t'entends
Je te vague et je te ressac.

15

Frémissement de ta peau sous ma main qui te découvre
Battement désordonné de mon cœur sous ton regard étrange
Et ton corps qui se prête sous mes doigts malhabiles
Ton corps d'oiseau qui tarde à s'envoler.

Mon regard qui se penche sur ton corps offert
Ton corps tendu et confiant sous la douceur de nos souffles
Ton corps de printemps ouvert comme une fleur
Ton corps qui se donne, ta bouche aux mille secrets.

16

Il y a des silences qui ne disent pas
et des silences qui restent en suspens
Il y a des silences qui sont la vie,
qui sont la douceur, la langueur
Il y a des silences brisés par le son d'une voix
une seule…
Il y a des silences de fraîcheur
dans la nef aux couleurs de joie
Il y a des silences cassés
au frôlement d'une main ou d'un regard
Il y a des silences qui ne sont que coton
La paix est au fond de mon cœur.

Et puis il y a aussi…
Le cri
Celui que j'ai au fond de l'âme
Et que je ne dis pas
Il y a les cris de mes silences
Les cris de mes joies et de mes douleurs
Les anciennes, les nouvelles
Il y a les cris de mon manque de toi
de ta main et de ton regard qui effleurent.
Les cris de mon cœur qui explose
comme explose le soleil en été.
Les cris qui m'enrobent et me cernent
Les cris que je ne dis pas…

17

Nuit.
Sombre
Comme une toile vaporeuse, la nuit pose sur l'écran de ma vie son bleu profond
Il y a le silence
Absence de toi qui s'installe pour laisser la place aux rêves
Tu dors loin de moi, tu soupires loin de moi ; de tes draps tourbillons ton corps repose
La nuit tu m'appartiens tout entier
Mes rêves sont fous, de ton sommeil je suis la magicienne
Je me cogne à ton silence et ton souffle imaginaire me berce
Je m'enroule à ton image, me love au creux de ton ventre et ce n'est qu'ainsi que le sommeil peut me rattraper.

18

J'ai faim de votre murmure, de vos paupières
J'ai faim de votre sourire, ce sourire d'enfant étrange
J'ai faim de vos mains couleur de topaze aux ongles d'opaline
J'ai faim de ma fureur de vivre, de rire et de croire
Je me remplirai de vous, de ce que vous donnez à être
Je boirai jusqu'à plus soif à vos lèvres qui se donnent
Je mangerai votre corps de vertige pour aller au-delà
Et je serai émerveillée de votre légèreté et des brumes déplacées.

Vous, au goût de la terre, du cerisier et de l'été
Je vous mangerai avec patience, avec volupté et sensualité
Je boirai vos caresses et votre douceur
Aux coins de votre si jolie bouche.

19

Ta fragrance perdue
Et l'ivresse des frissons
De mes nuits égarées
Des draps en bouillon
Reste une mer étale
Juste un pied qui se perd
Il manque aussi le soyeux de ton épaule
Les corps qui se diaphanent
Les souffles de la nuit
L'aube se farde de souvenirs.

20

Bouleversée au détour de votre regard, rayonnement
De ces soupirs si éphémères
Mais au chemin de votre lèvre ma folie.

Je glisse sous le voile de mes nuits
Au-devant de l'imagine de votre épaule
Et je reprends à l'aurore votre présence fugitive
Phare de vie esquif où je vague
Cette marée qui ne s'estompe
Au creux de mon cœur.

Et je reste là, dans ce silence soufflé
Qui me bouleverse et m'étreint
Ma folie.

21

C'était je ne sais quoi, oui, certainement le son de votre voix et vos mots et ceux que vous ne disiez pas
Les rires qui s'invitent et d'aventure des mains qui s'égarent, sur une joue, une mèche de cheveux
Oui, des frissons épars.

22

Sur les pieds, sur les mains
La ronde des lutins
dans les yeux, dans le cœur
Le sourire du bonheur.

Parfois sur les toits
Toi et moi
Avec les oiseaux. De l'eau
dans les ruisseaux
Pour les cadavres sourds
Aux roulements du tambour.

En chantant, en riant
Les vagues du ventricule
Pour partir, pour s'enfuir
Avec l'amaryllis.

Parfois pour finir
Tu fais ta propolis
Avec les prophètes
Ou les anachorètes
Pour dormir au tombeau
J'irai au fond de l'eau.

23

Et oui ! Ne vous en déplaise
Le soir je me mets à l'aise
Madame ou mademoiselle
J'aime les charentaises !

Après mon dur labeur
Au bureau où je reste à plus d'heures
Et où en lambeaux mon cœur
Traîne auprès d'elle, mon miel, ma douceur.

Au retour dans mon foyer
Où crépite la cheminée
Elle est là, tout heureuse, comme un chat étiré
Les spaghettis basilic makrouts déjà préparés.

Sur le canapé je me pose
Et sur mon front elle pose
Sa main douce au parfum de rose
Et sur mes genoux, elle termine, du jour, sa prose.

Dans mes bras, dans mon cou
Elle se fraye son chemin, le tout doux
Son nez reste froid, mais ses gestes sont fous
Et tous deux nous roulons dans un monde tout flou.

Et oui ! Ne vous en déplaise
Le soir je me mets à l'aise
Madame ou mademoiselle
J'aime les charentaises !

24

Il y a les mots, fourmilière géante
Ceux qui s'évadent sans crier gare et mettent en danger notre âme
Ceux qui courent et vont ouvrir notre cœur dans une joie au goût d'alysse
Ceux qui veulent naître ou renaître mais restent dans leur gangue de glace
Ceux qui s'étiolent faute du regard attendu, qui s'étouffent non pas dans un soupir
Mais dans un abandon ou un isolement qui étreint
Ceux qui sont en retard et que l'on ne peut atteindre
Ceux sous le sable ou sous les sapins, où iront-ils se rejoindre ?
Ceux qui se consument, recueillis à la hâte parfois, entropie des pensées
Ceux qui se taisent de peur de se perdre dans l'arbre chanteur de Tonkin et Liu
Ceux qui sont étoiles de vie, de bonheur, de l'espérance
Ceux éphémères et dont on ne sait qu'en faire
Ceux qui font peur dont on se prépare à recevoir le souffle ou le soupir
Ceux qui vont rester en apnée et qui nous étouffent.

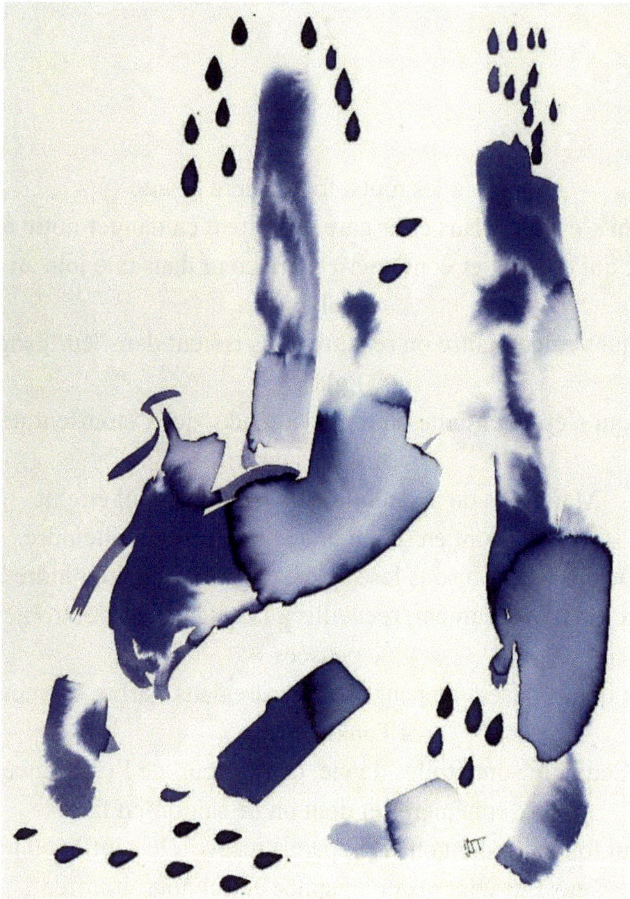

25

À mon père

Tu as beau courir vers le soleil, te soûler du bleu du ciel, crier vers Dieu, t'agenouiller, le supplier ; tu as beau fendre la foule, traverser les brouillards et les pluies de printemps, tu as beau t'escrimer…

Tu n'es plus là…

Il me reste la foi, la foi de ta brève existence, un instant présent pour donner la vie ; il me reste ce raccourci d'infinis et je suis l'amoureuse à mort de la vie interstellaire, la vie au-delà de la vie

Je suis la voyageuse immobile.

26

Il est des pages blanches où la plume légère s'enfonce et éparpille sur cet écran des souvenirs d'émotion.
Des lettres s'envolent, d'autres se courbent, certaines se fâchent et se rebellent de ne devoir être qu'accolées à la précédente ou à celle qui suit.
Il y a des majuscules folles et délirantes, les autres qui ne savent que s'enfoncer ou voyager.
Celles qui sont sages et se plient à la main qui les guide.
Et puis il y a la virgule, celle qui sépare ou démêle d'un trait ferme et énergique, les mots qui sont importants, ceux qui doivent être mis en lumière, en suspens.
Et le point. Ah ! Le point ! Il fait ce qu'il veut, se pose et se redépose ou s'oublie, laissant la phrase s'évader, laissant le lecteur en attente de rêves.
C'est tout pointu, tout menu, ferme et souple à la fois. C'est la force de l'énergie.
La page qui était blanche, noircie de vagues en écumes, d'oiseaux qui s'éparpillent, de feuilles d'automne en renaissance, se dépose au creux du regard du lecteur, le transperce de mille aiguilles.
Sur la page qui était blanche, il y a d'abord ton nom.

27

Souviens temps
Est-il si loin ce temps de l'andante ou est-ce de l'égarement
Souviens temps
Ces triolets, ces croches, ces accroches
Où est la toccata, où est la fugue ruisselante
Souviens temps
Des lenteurs, des flux, des repos, des instants
Heccéité de l'être au travers des langages et des corps, émotions éparses
Souviens temps
Ce n'est plus le temps peut-être
Ou un autre temps qui se dessine et se chante
Souviens temps.

28

J'ai de ton regard étoilé un univers de souvenirs
De temps à la place du temps
D'un avant encor
Souvenirs écartelés entre ce qui fut, ce qui sera
Te savoir autrement, te découvrir dans ce qui va être.

Peut-être une certitude…

Qu'importe la seule vérité et la guerre des pensées
Je te sais et j'aime croire que je te sais
Je sais tes mains et je sais ton regard
Et cette brise qui chuchote à la nuit que tu es.

Peut-être une certitude…

Je viendrais encore et encore
T'offrir et ouvrir les bras du temps
Ouvrir avec délicatesse tes tiroirs
Et je reviendrais te dire les aubes et les aurores désuètes
Et je te parlerais de la certitude
De cette mer aux ressacs lents
J'inventerais des histoires magiques.

De mon âme emprisonnée, je te sais depuis avant
Les corps émus, les mains jointes sont les vérités
Tout comme ton souffle est celui de mon cœur
Je sais encore les tyrannies et les doutes et les blessures
Mais aussi les envols de printemps
Et dans ma tête le chant des oiseaux.

Peut-être une certitude…

Et je te chuchoterais encore le temps détaché
Je te soufflerais les mots de poussière
De la prière découverte au détour de tes yeux
De nos croyances dans la chambre qui se ferme.

Peut-être une certitude…

Au son de ton regard
De la courbe de ta nuque
De la douceur de tes bras
Il y a encore ce « je ne sais quoi »
Cette âme fragile, cette présence au monde
Qui fait que je sais
Je sais les siècles qui ne peuvent que pour nous s'étirer
La voilà la certitude !
Cette merveilleuse certitude de savoir que tu es.

Peut-être une certitude…

29

Juste un regard
Une émotion furtive
Une reconnaissance de l'âme
Des vibrations communes
Des sourires complices
Oh mon amie ! Ma douce amie !
Te fuir alors que ta vie dérive
Moi qui ne peux vivre sans amour
et sans ton amitié
Ma belle âme fragile
Comment t'envoler
Te faire la valse des fleurs
Moi qui suis lourdeur des ténèbres
Te faire papillon dans le vent
Moi qui ne suis que tourbillon
Ne me donne pas le La mais le Si
Et je te dirai le Mot
Nous cesserons de faire à notre amitié des Nœuds
Allons, cessons mutuellement nos tourments
Et aimons-nous encore

30

Recette pour être lutin et sortir des chemins.

Un soupçon de Kintsugi, beauté de la fêlure
Un effleurement d'émerveillement
Une pincée d'épine de rose
Une once d'om tibétain
Une infime poussière de délire
Un petit repos dans une cariotte
Un succinct mot de travers
Enfin lâchez-vous, plus c'est mieux
Des ouvertures de musique
Des notes envolées et celles aussi volées
Au creux de ton âme
Un peu de fleurs du champ en pagaille
Un regard du cil en bataille
Trois cuillères d'égarements de ta nuque
Faire une cure de cette légèreté
À vie.

31

Oh si l'envol de mes soupirs
pouvait atteindre ton cœur, ton âme ou ta pensée
Si peut-être je savais parler d'amour
Tu sais ces mots
Non, tu ne sais pas, tu ne sais plus
Tu sais, ces tendres de mains
l'attirance d'un instant qui te chavire
la musique d'un cœur
enfouie sous tes lèvres
ou tes mains qui vont sur les noires et les blanches
Tu sais cacher sous ton front
tous les mots que tu ne dis pas.
Tu ne veux pas
Je hurle à ton impuissance
Je hurle à ma béance.

32

Et quoi ?
Alors que désirer ?
La vie est une vaste drôlerie
Une voleuse de rêves
et c'est normal
rêve d'autre chose !
Va te faire foutre Spinoza et Camus
et tous les autres
Il reste qu'à ton insu tu m'as reliée au monde
J'ai connu la présence et l'absence
surtout l'absence
J'ai cru au toujours j'ai cru au le jour
et finalement le rien a gagné
Mais j'ai eu le luxe de croire que je t'ai aimé.
Mais ce n'est pas vivre
Je me suis juste oubliée.

33

Je ne veux pas t'épouser !
Regarde comment tout se termine !

Tu me prends pour une oie ou une hermine ?
Moi je ne fais rien de plus que dealer.

Ça, ça me plaît
Tant pis pour ta mine !

Et la femme en moi pense que tu as besoin d'une aspirine
Pour tes neurones réaccorder.

Fais gaffe à ta bobine
Les femmes sont ton irréalité.

34

Rappelle-moi
Ce temps léger et de murmure
Le soyeux de ton sourire
De ton regard en étoile
Rappelle-moi
Le temps infini de tes yeux
du gémir de l'absence
de la présence en folie
Rappelle-moi le joli de tes lèvres
L'approche du sombre de ton regard
La mer, le sable qui s'écoule
et qui ne s'ennuie pas de compter
Rappelle-moi
Ces reines d'autres temps
ces rois téméraires
Rappelle-moi.

35

Une parcelle d'écriture
Sur le devant de la scène
Un souffle étouffé
Une étreinte oubliée.

Un atome de sensualité
Que l'on voudrait universel
Et il ne reste rien
Du rêve dévoilé.

Tout se tait dans cet infini
Et pourtant que croire
Lorsque le vent est doux
Et la voix enchanteresse
Tu es là et cela suffit.

36

Sur l'écharpe de mes nuits
Imaginer ton âme endormie
Le ciel me parle d'étincelles
Et répète tes silences
Ivre de rondes endiablées
Pour aimer tes baisers
Ou les mendier
Savourer tes gestes en neumes très doux
L'un, l'autre, toi, moi
Quand m'offriras-tu ton cœur ?

37

Mot : toc, toc ! Toc, toc !

Note (silencieuse !) :...

Mot : toc, toc ! Mais ouvrez donc vos tuyaux d'orgue. J'ai des silences à crier !

Note (elle se tortille en triolet) : oh, mais il faut être audible voyez-vous ? Rien ne se fait ainsi, en criant, non ! Votre cri est abstrait et ma note se perdrait !
Parce que moi, voyez-vous mon son est précieux !

Mot : précieux ! Comme vous y allez ? Où ça d'ailleurs ? Hein ? Je vous demande ? Pozzo est parti, l'arbre reste, il est là, bien enraciné, même pas de rhizome ! Il ne reste que le chemin à parcourir.

Note : certes, il est vrai, sans nul doute, do#... oh pardon, je me suis égarée. Ré, si, la... Encore... Vraiment excusez-moi, je m'envole parfois par ces tuyaux, plus très sûrs de nos jours il faut bien le dire ! Ah cette nouvelle société ! Mais que voulez-vous à la fin avec votre chemin ?

Mot : je vous trouve Molloy vous ! Certitude du son qui vous échappe ! Vous tournez en rond, cycle de la vie, tourment, mais c'est pourtant audible, indicible. Transcendance et résonance, non raisonnance voyons, je suis confus ! Je vous parle du chemin ! Voilà ! Et zoup ! Compris ?

Note : je vous sens extrêmement confus et peu amène. Comment alors me décider enfin à lancer ma note ultime, celle toute puissante, qui affecte ou sera affectée des intensités désirées ?

Mot : toc, toc ! Toc, toc. Je veux sortir ! Cessez de m'emprisonner de vos chants, pardon de vos champs de vision… Et dans les champs les chemins, avec des mouvements… Vous connaissez les mouvements n'est-ce pas ?
(Parfois quatre, mais il y en a qui exagère et qui en font plus. Cessez de vous tortiller en croches maintenant ! Pff !) : en aparté, vers le public.
Avec le possible retournement de la nuit en lumière, de vous en quelque sorte ! Ce mouvement de la phrase, je précise, phrase musicale… parce qu'avec vous…

Note : j'aime Estragon ! On en trouve dans les chemins. Cessez vos divagations. J'accepte l'inadéquat et le décalé Monsieur Mot ! J'ai d'ailleurs composé en ce sens, dans tous les sens, à droite et à gauche et même derrière et devant et surtout au milieu ! Alors ne venez pas me faire la leçon !

Mot : vos airs sont faustiens, oui, je sais bien, vous me l'avez dit, et vos attentes de silences, ça bouche les tuyaux.
Ça va encore coûter une fortune à faire réparer !

Note : très bien. Je vais disparaître. Toute note se disperse dans un infini, un néant, alors oui, je vais payer mon tribut… je vous vois venir, non pas la tribu, comme vous êtes stupide ! Je vais donc payer mon tribut à cette note ultime, ce retournement de la sauvagerie en grâce !

Mot : mer si ! Si, mi, do#, tralala, tralala !

38

Viens
Prends ma main
Je te conduirais sur le chemin
Celui qui abolit le temps.

Prends ma main
Pour vivre cet infini
Ce regard qui émerveille.

Prends ma main
Pour se dire au creux du temps
Les hachures de tempêtes
Et se dire renaissants.

Prends ma main
Elle est remplie d'espérances
De celles des silences qui se disent enfin.

Viens
Prends ma main
Je suis perdue
Offre-moi ta main
Et montre-moi ton chemin.

39

Il faut toujours pouvoir s'égarer sur les mots, ne pas rester sur le névé ou la barque ensablée
Il faut enjamber les rires et la douceur
Palpiter à l'écoute d'une musique
Parce que tout presse et que le temps est assassin et les souffles de la nuit peuvent être des traîtres au destin
Tout peut s'écrire encore et encore !
Sur le piano s'égare aussi le temps qui passe, les silences et les soupirs, cette contraction comme un haïku qui laisse pantelante la page noircie
Il faut glisser lent sur les notes qui s'étirent et s'essoufflent peut-être
Pour atteindre le soyeux des espérances.

40

Youp ! Toï, Toï, koum tara, phrase élégante pour donner du courage !
Zip zoup abstraction, tu me plais
Ouh ! Irréalité des mots, altérité suspendue.
Mince où est Godot ? J'attends sans faim, fin de l'acte. Je veux. Écho du manque.
Fixe n'est pas immobile, perception. De toi ? Tu es heccéité qui traverse mes mots. Vide. Négation et positivisme. Notes suspendues ? Toujours. Sans fin. Pouvoir de dire. Recevoir. Et c'est tant pis. Ou tant mieux.
Pouvoir du je. Jeu ? Domino.

41

Rien n'en meurt de ce cri à la pointe du cœur, ce cri au détour du précipice où le regard plonge un brin en vrille
Rien n'en meurt de cette aventure à ailes déployées, de ces murmures du soir où rien n'est assez dans la voûte aux secrets millénaires

De la voix en soupirs en lamentation de soma, de rêves qui ne se déclinent qu'à la mélodie de certains silences, de ceux enfantés par des mains agiles qui courent sur les claviers
Rien n'en meurt au fil des jours qui se languissent, se rétrécissent, s'effacent
Des voix en cascades, de coulée de soleil, de notes qui virevoltent, d'attente trébuchante
Espérance éperdue de la musique dans la nef
Et on trébuche et on se perd dans cette suspension du temps.

42

Sais-tu ?
Je te devine souvent au mitan du lit ou de la nuit
Tes courbes se faufilant légères dans le levant de tes yeux

Sais-tu ?
Je voudrais t'offrir un bal en friche
Le temps de s'offrir quelques pas
Un tournis sur un parquet
Glisser dans ton cœur

Sais-tu ?
Je voudrais trouver les mots
Ceux qu'on ne sait pas encore
Mais qui emportent

Sais-tu ?
J'aime le jour irisé de tes yeux
Et ton regard au loin
Le plaisir d'un gémir
Te garder encore.

43

Un moment de toi
Tu me dis le vent dans les feuilles
Les ailes des mouettes qui frôlent les vagues
Tu me dis ta musique sur les vitraux
Et le ciel en bleuté étoilé de gouttelettes

Un moment de toi
La musique de ta voix
Qui vient incongrue étreindre mon cœur
Et fait danser ma journée de ce printemps

Un moment de toi
Temps figé dans la tourmente
Savoir que tu demeures.

44

Il faut au son des corps gravir les ombres avec des doigts habiles ou malhabiles, qu'importe.
Au son des soupirs et des balancements glisser et crisser sur la peau du corps de l'autre
Se laisser valser et tanguer comme sur une mer en tempête peut-être et c'est tant mieux.
Vivre et survivre à l'acmé des désirs pour recommencer sans fin et faire la nique au temps !

45

Je te dessine et sur le vent et sur le ciel
De mes rêves douceur de ton corps près du mien
Je te dessine de la couleur de mon amour

Sous la voûte de tes bras
Tellement j'aime m'y blottir
Sous la coupe de tes lèvres
Tellement j'aime m'y perdre
Et sous la vague de ton regard
Je reste ivre de tendresse

Là, mon amour

Aux résonances du tambour de mon cœur
Là, mon amour
À la force de tes murmures

Entends-tu mon amour
Les frissonnements des ailes fragiles des désirs
Entends-tu mon amour
S'écouler en tornade les vagues de mes envies

De ta présence, de ta force
Tu as basculé le bleu de mon ciel
Je te dessine et te dessine encore
Je t'aime.

46

Pas de bavardage
Juste une rencontre
Dans le silence
Ce silence qui me broie, me tue
Pas de bavardage
Pas d'accueil au matin
Pas d'au revoir au soir qui se couche
Pas de mot pissenlit
Petites graines éparses qui volent au vent
Que je pourrai saisir et semer au fond de mon cœur
Pour tenir
Juste pour tenir
Encore un peu
Juste un peu
Un silence comme une violence
Il ne sait pas
Et je ne sais plus.

47

Ça quitte le nid
Ça revient de temps en temps
Pour remplir le ventre
Et le cœur
Éphémère de l'instant
Et puis un jour, comment se dire
Usé ou renaissant
Comment se dire aux plissés du temps sur le visage
Ces hachures et ces tempêtes
Ces sillons de vieillesse
On se sait en dehors du chemin
Du leur… Leurre de se dire renaissante
Et remplie d'espérance et d'infini
Comment se dire ce vide
Comment se dire ce temps arrêté
Se retrouver enfant dans le regard de son enfant
Se croiser sans et déjà s'oublier
Et c'est trop tard
Comment se dire la reprise du temps
La nuit peut-être au creux des rêves.

48

Je te murmurerais ce soir, de ce goût qui se perd, de cette amertume.
Mes mots s'épuisent et se perdent sur la page racornie
J'ai choisi le rouge de l'encre et c'est la morsure au cœur, la ligne vide, un horizon qui file
Je te murmurerais ce soir et je crierais à la lune, à la nuit étourdie de mes poussières de pensées
Gémir encore et murmurer encore
Gémir sous ton absence, crier à ton silence.

49

Je me noie dans mes mots
Je coule, je suffoque
Je vais aux abysses
Impossible béance, à concevoir
Je me détériore
Je me décapsule
Je me ventricule en vain
Je suis pétrie, écrasée
Et toi, toi
de ton silence tu n'es que fenêtre fermée sur un paysage inaccessible.

50

Le temps s'allonge
Il y a des sourires qui s'étirent et des yeux qui plissent sous la lumière crue du face à face.

Parce qu'il y a le temps et plus beaucoup de temps
Parce qu'il faut rattraper le temps qui court et qui, comme dit Paul Fort
« Le bonheur est dans le pré cours-y vite, cours-y vite, il va filer »
Parce qu'il y a tes yeux qui regardent au loin et nos mains qui se tendent
Il y a ta bouche lointaine avec tous les mots que je n'entends pas.
Je suis étourdie, en apnée ; en suspens, en silence… non ça c'est toi !

Mais je sais mes émotions
Je sais parce que je te sais
Il a suffi de ce geste de prendre la main et
Je sais maintenant ton regard
Je sais la vibration de tes cils
Et la courbe de ta nuque.
Je sais, à peine, le goût de tes lèvres
Et j'en redemande.
Je sais le son de cette nuit au regard de ta main qui se donne.

Ces instants figés de toi et le temps qui s'offre enfin.

Je vais attendre ta présence, l'enjambée de tes rires et la douceur de ton sourire, tu deviendras saltimbanque et va s'écrémer ma nuit.
Je veux glisser lent sous ta présence, y sonder les parts indicibles de finesse, ton cil en bataille et ton corps qui m'émeut.

51

Capture de force
Forces du dualisme
Sens commun
Qui veut l'ordre
Risquer l'ébranlement
Se reconnaître dans son silence
Se précipiter dans la résonance
Pour un possible
Laisser le mot
Vivre
Seul et en nous
Seule pensée
Multiplicité des formes
Forme tragique
Béance de l'existence.

52

Anomal
Berg variations
Différences
Idée insolite
Régularité refusée
Désordre ordonné
Cas singulier
De mon amour.

53

Poser
Soi
Avec soi
Entre soi
Dormir
Oublier
De temps en temps
Suspendu
Perdue
Marcher encor
Sens
Sans
Dissonance
Mais raisonnante
De temps en temps
Écho
Enfance
Sensorialité
Le dit du cœur
Avec toi.

54

Je te poèmetiserai
un poème
une chanson
une musique
que tu aimerais peut-être
mais tu préfères les silences
à ma voix
à mon corps
à mes yeux
à ce que je suis
mon horizon sans fin de mes incertitudes
Te voilà sourd et je suis anéantie
J'étrangle les fleurs
Et tant pis.

55

Elle crache sur le peignoir en éponge accroché à la patère de la salle de bains, elle crache et enfouit son visage dans cette odeur doucereuse qui lui donne la nausée, elle pince entre ses doigts une mince petite maille en protubérance et tire sur le fil qui se rallonge.
Elle tire sur les mailles de son cœur en brisure pour que lui aussi se dévide de ses souffrances et de cette odeur qui ne la quitte jamais.
Elle est dans la salle de bains, cette pièce qui est son refuge et qui encore plus tard lorsqu'elle sera femme sera son lieu magique pour se retrouver.
Mais ce soir la salle de bains est emplie de l'odeur fétide de ce chaos, de cette désespérance, de cet abîme. Le peignoir n'a de blanc que sa couleur.
Blanc, immaculé, neige, brisure de glace, cheveux de la vieillesse, ventre doux de certains chats, laitage à l'odeur d'étable qui fleure bon dans la cuisine de la ferme, fromage blanc, celui qui s'égoutte sur l'évier de pierre de son enfance, blanc.
Elle, elle est dans le flou, le noir ou le blanc, elle ne sait plus.
Cette odeur qui lui colle au corps, elle a beau se laver, se laver, encore, frotter, encore et encore, s'ébouillanter, tous les soirs, l'odeur est là, avec son rictus de mort, sa perversité rieuse.
Elle se regarde dans le miroir, une dernière fois, ne se regardera plus jamais, jamais comme ce soir de ses 8 ans.
Il est là, elle le sait. Son regard la transperce, lui vrille les entrailles, il s'insinue dans tous les interstices de son corps d'enfant et ça fait mal.
Elle sait son cri, celui qu'elle ne dira pas, ce cri qui sera éternellement au fond de son corps, qu'elle enfouira, ce cri bloqué à jamais.

Remerciements

À Simone Steinmetz et Marielle Jourdain pour leur lecture et écoute bienveillantes, leur encouragement.

À Vincent Lehoux pour les photographies des dessins.

À mes enfants, ma famille, mes amis qui m'ont soutenue dans ce projet.

Imprimé en Allemagne
Achevé d'imprimer en décembre 2023
Dépôt légal : décembre 2023

Pour

Le Lys Bleu Éditions
40, rue du Louvre
75001 Paris